¿Qué le sucede al imán?

Resolver el pro

I0805272

Roman Ellis

COMPUTACIÓN CIENTÍFICA EN EL MUNDO REAL™

Rosen Classroom™

Los imanes son objetos capaces de atraer a otros objetos. También pueden levantar ciertos objetos.

Este imán no levanta una carta de baraja. ¿Cuál es el problema? ¿Está averiado?

Intentemos resolver el problema. Vamos a probar el imán con diferentes tipos de objetos.

¿Atrae los botones? Los botones son de plástico. El imán no atrae el plástico.

¿Puede el imán levantar estos bloques? Los bloques están hechos de madera y el imán no atrae la madera.

¿Atrae las canicas el imán? Las canicas están hechas de vidrio. El imán no se pega al vidrio.

¿Atrae un calcetín el imán? El calcetín está hecho de algodón. El imán no se adhiere al algodón.

¿Atrae el papel el imán? No, el imán no puede levantar papel.

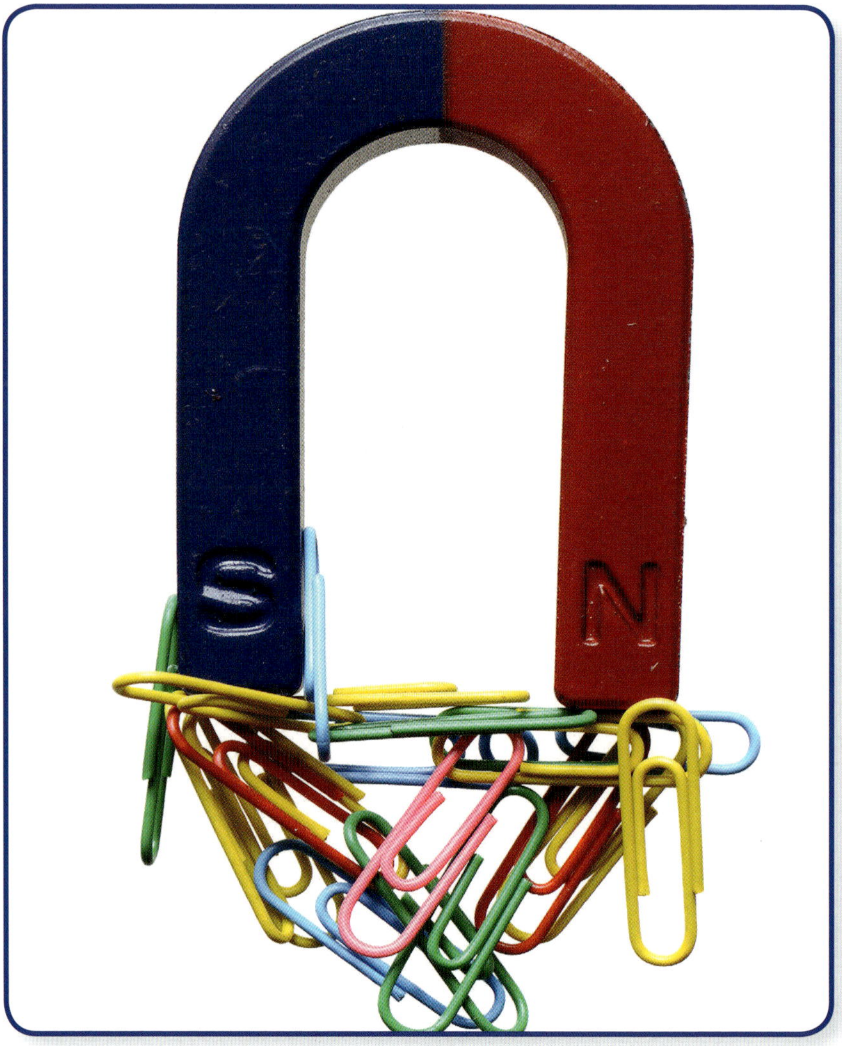

¿Atrae el imán los clips metálicos? Los clips para papel son de metal. ¡El imán los atrae y los levanta!

Poner a prueba el imán ha resuelto nuestro problema. ¡Ahora sabemos que el imán atrae o levanta objetos metálicos!

Palabras que debes aprender

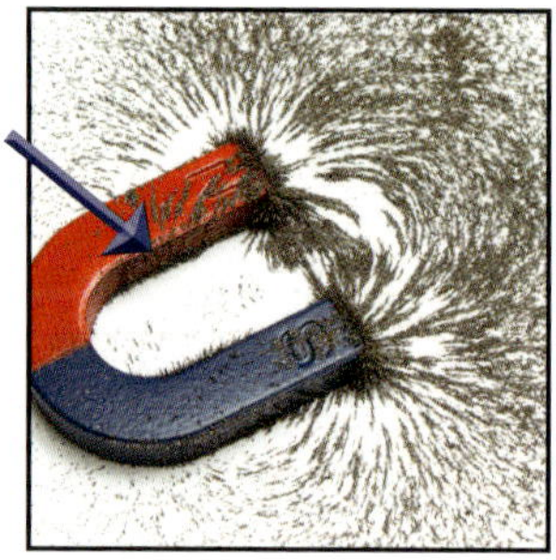

(el) imán

(la) canica

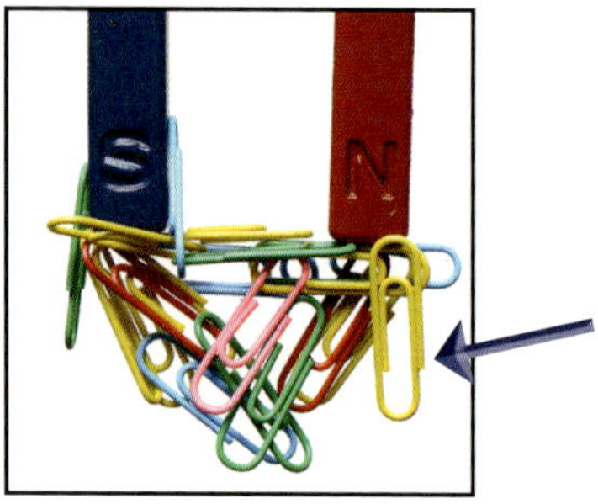

(los) clips